6·7세
가 나 다

KB114934

어린이
국어
따라쓰기

편집부편

와이 앤 엠

어린이 국어 따라쓰기

☆ 자음자와 모음자가 만나 어떤 자가 되는지 살펴 보고 아래에 따라 써 봅시다.

가	나	다	라	마
ㄱ+ㅏ	ㄴ+ㅏ	ㄷ+ㅏ	ㄹ+ㅏ	ㅁ+ㅏ

가	가				
나	나				
다	다				

라	라				
마	마				

☆ 'ㄱ, ㄴ, ㄷ, ㄹ, ㅁ'이 나오는 낱말을 따라 써 봅시다.

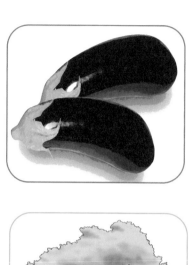

가	지		

나	무		

다	리		

마	차		

★ 그림과 같은 낱말을 선으로 잇고 읽어 봅시다.

너구리

도토리

그네

매미

⭐ 앞에서 나온 낱말을 예쁘게 따라 써 봅시다.

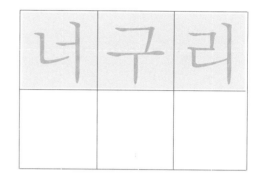

너구리

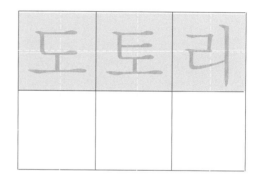

도토리

그네

매미

개구리

한하운

가갸 거겨

교교 구규

고기 가.

ㄱ

ㄴ

ㄷ

ㄹ

라랴 러려

로료 루류

르리라

⭐ '개구리'의 시에 나오는 글자를 찾아 ○표를 해 봅시다.

모음자　자음자	ㅏ (아)	ㅑ (야)	ㅓ (어)	ㅕ (여)	ㅗ (오)	ㅛ (요)	ㅜ (우)	ㅠ (유)	ㅡ (으)	ㅣ (이)
ㄱ(기역)	가	갸	거	겨	고	교	구	규	그	기
ㄴ(니은)	나	냐	너	녀	노	뇨	누	뉴	느	니
ㄷ(디귿)	다	댜	더	뎌	도	됴	두	듀	드	디
ㄹ(리을)	라	랴	러	려	로	료	루	류	르	리
ㅁ(미음)	마	먀	머	며	모	묘	무	뮤	므	미
ㅂ(비읍)	바	뱌	버	벼	보	뵤	부	뷰	브	비
ㅅ(시옷)	사	샤	서	셔	소	쇼	수	슈	스	시
ㅇ(이응)	아	야	어	여	오	요	우	유	으	이
ㅈ(지읒)	자	쟈	저	져	조	죠	주	쥬	즈	지
ㅊ(치읓)	차	챠	처	쳐	초	쵸	추	츄	츠	치
ㅋ(키읔)	카	캬	커	켜	코	쿄	쿠	큐	크	키

☆ 아래 빈칸에 알맞은 글자를 보기에서 찾아 써 봅시다.

가	

	미

다	

보	

보리 가지 거미 가구 다리 나비 누나 모기

지

모

비

누

☆ '개구리'의 시에 나오는 글자를 찾아 ○표를 해 봅시다.

모음자 자음자	ㅏ (아)	ㅑ (야)	ㅓ (어)	ㅕ (여)	ㅗ (오)	ㅛ (요)	ㅜ (우)	ㅠ (유)	ㅡ (으)	ㅣ (이)
ㄹ(리을)	라	랴	러	려	로	료	루	류	르	리
ㅁ(미음)	마	먀	머	며	모	묘	무	뮤	므	미
ㅂ(비읍)	바	뱌	버	벼	보	뵤	부	뷰	브	비
ㅅ(시옷)	사	샤	서	셔	소	쇼	수	슈	스	시
ㅇ(이응)	아	야	어	여	오	요	우	유	으	이
ㅈ(지읒)	자	쟈	저	져	조	죠	주	쥬	즈	지
ㅊ(치읓)	차	챠	처	쳐	초	쵸	추	츄	츠	치
ㅋ(키읔)	카	캬	커	켜	코	쿄	쿠	큐	크	키

⭐ 자음자의 이름을 읽고 'ㄱ-ㅁ'까지 따라 써 봅시다.

기역	니은	디귿	리을	미음
ㄱ	ㄴ	ㄷ	ㄹ	ㅁ
ㄱ	ㄴ	ㄷ	ㄹ	ㅁ
ㄱ	ㄴ	ㄷ	ㄹ	ㅁ
ㄱ	ㄴ	ㄷ	ㄹ	ㅁ
ㄱ	ㄴ	ㄷ	ㄹ	ㅁ
ㄱ	ㄴ	ㄷ	ㄹ	ㅁ

⭐ 낱말을 읽고 자음자와 모음자가 어떻게 이루어졌는지 알아 봅시다.

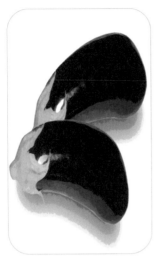

가 지

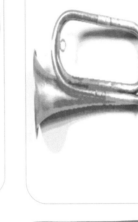

나 팔

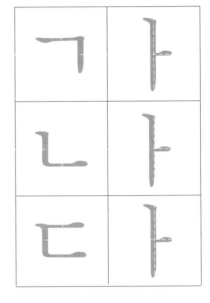

다리미

마 늘

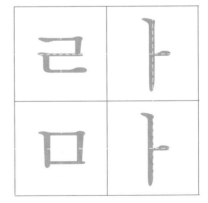

☆ 그림을 보고 빈칸에 알맞은 글자를 써 넣어 봅시다.

노 루

□ 루

도 끼

□ 끼

바 위

□ 위

★ 자음과 모음을 서로 연결시켜 아래의 낱말을 만들어 봅시다.

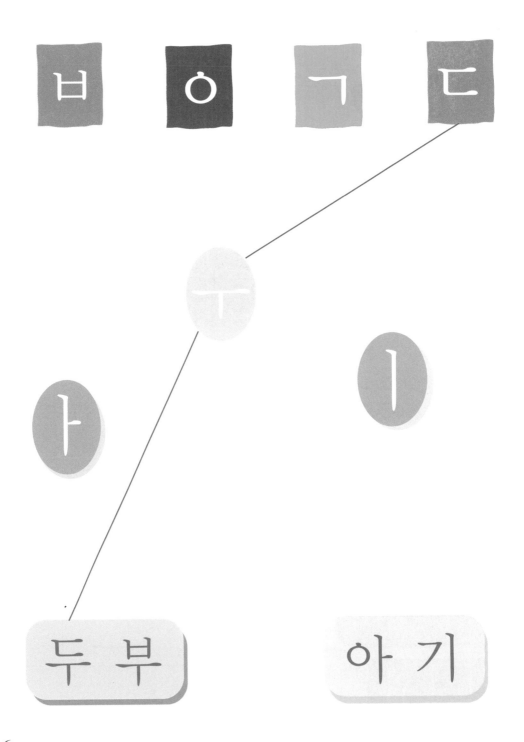

☆ 아래의 낱말을 따라 써 봅시다.

두부

아기

사슴

★ 자음자와 모음자를 짝지워 낱말을 만들어 봅시다.

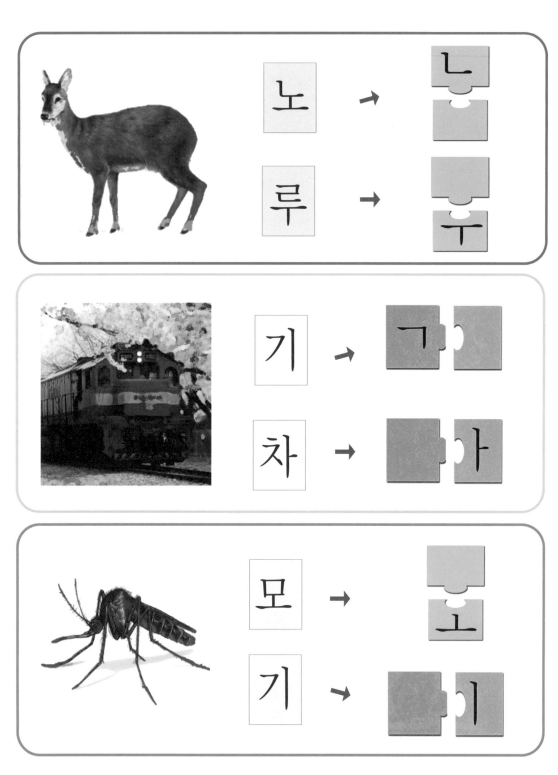

☆ 아래 낱말을 따라 써 봅시다.

노	루		

기	차		

모	기		

☆ 자음과 모음을 선으로 이어 아래 낱말을 만들어 봅시다.

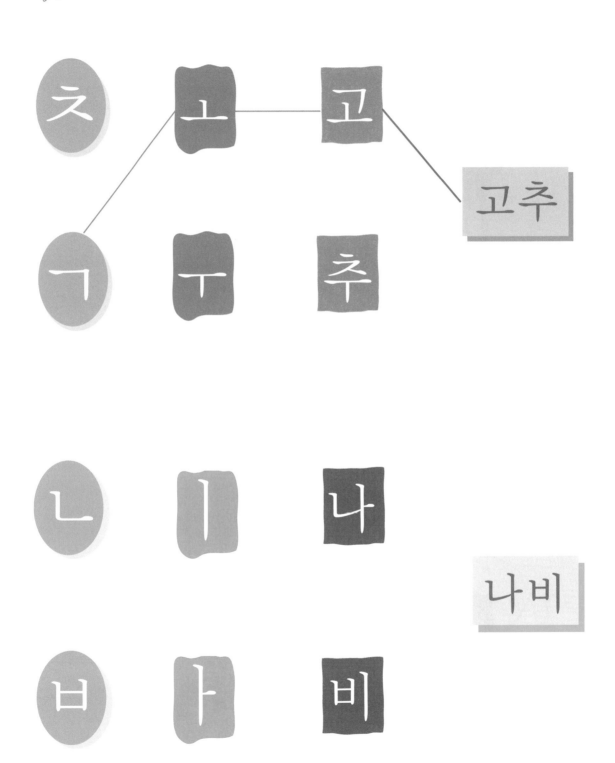

☆ 만들어진 낱말을 아래에 써 봅시다.

고	추		

나	비		

마	늘		

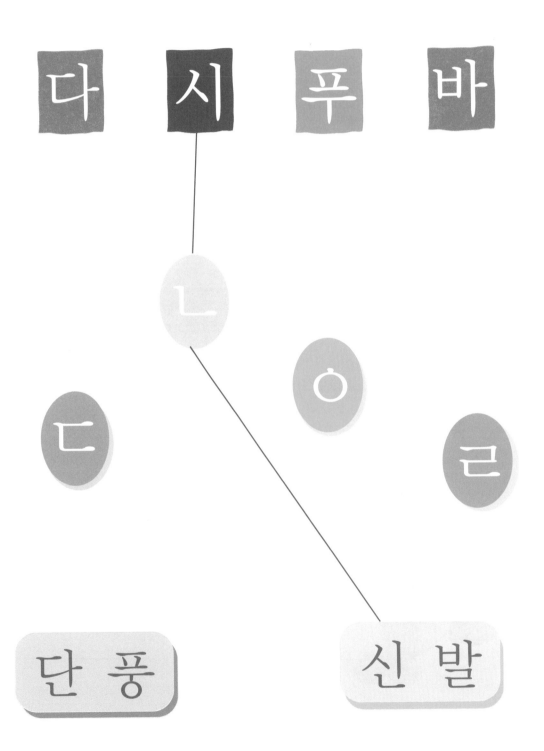

다 시 푸 바

ㄴ

ㅇ

ㄷ

ㄹ

단 풍

신 발

☆ 만들어진 낱말을 아래에 써 봅시다.

단	풍		

신	발		

바	둑		

⭐ 받침이 있는 낱말을 만들어 봅시다.

나 팔

ㅏ　파

만든 낱말

마 늘

ㅁ　　ㄴ

만든 낱말

단 풍

ㄴ　푸

만든 낱말

☆ 만들어진 낱말을 예쁘게 써 봅시다.

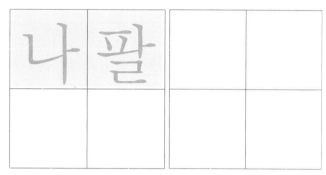

나팔

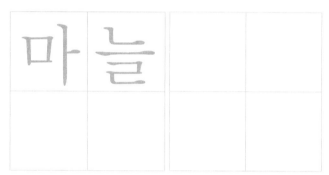

마늘

단풍

⭐ 다람이가 그림책에서 본 것입니다. 그림을 보고 알
맞은 글자를 보기에서 찾아 써 넣어 주세요.

사슴	김치	수박	배추	문어
국수	사과	치즈	대문	배꼽

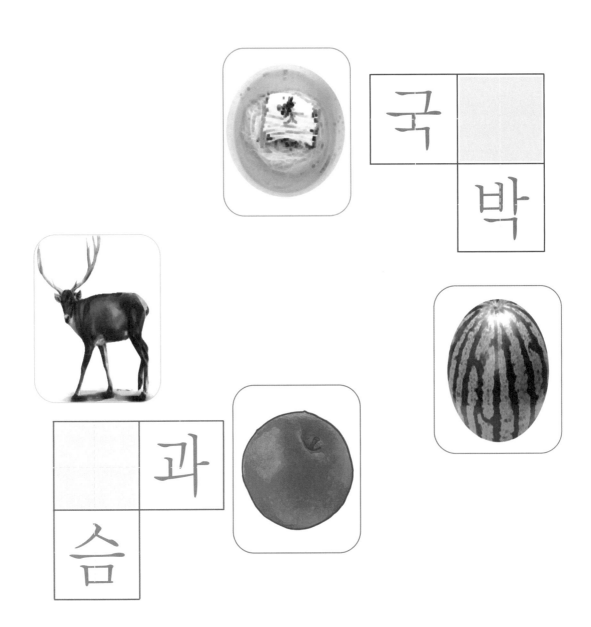

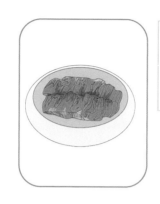

김
즈

꼽
추

대
어

⭐ 만들어진 낱말을 예쁘게 따라 써 봅시다.

국	수		

수	박		

사	슴		

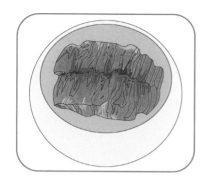

김치

배추

대문

문어

★ 자음자와 모음자가 만나 어떤 자가 되는지 살펴 보고 아래에 따라 써 봅시다.

바	사	아	자	차
ㅂ+ㅏ	ㅅ+ㅏ	ㅇ+ㅏ	ㅈ+ㅏ	ㅊ+ㅏ

바	바				
사	사				
아	아				

자	자				
차	차				

☆ 'ㅂ, ㅅ, ㅇ, ㅈ, ㅊ'이 나오는 낱말을 따라 써 봅시다.

바위

사슴

아기

자라

★ 그림과 같은 낱말을 선으로 잇고 읽어 봅시다.

바나나

사 탕

어 름

자전거

⭐ 앞에서 나온 낱말을 예쁘게 따라 써 봅시다.

바	나	나

사	탕	

자	전	거

어	름	

★ 아래 빈칸에 알맞은 글자를 써 넣어 봅시다.

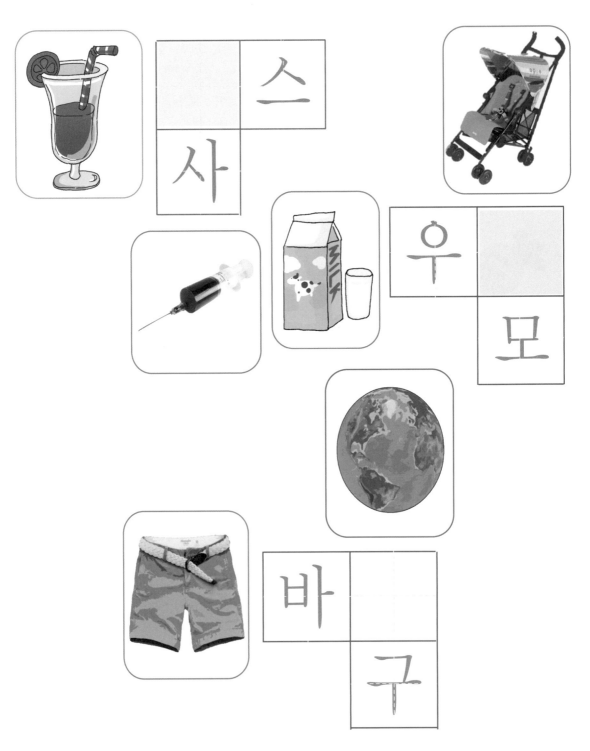

스

사

우

모

바

구

☆ 앞에서 나온 낱말을 예쁘게 따라 써 봅시다.

우유

유모

주사

지구

☆ 낱말을 읽고 자음자와 모음자가 어떻게 이루어졌
는지 알아 봅시다.

사 슴   아 침

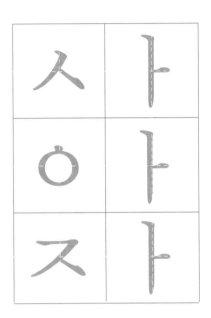

자동차   창문

☆ 그림을 보고 빈칸에 알맞은 글자를 써 넣어 봅시다.

사 □

사	슴		

□ 침

아	침		

□ 문

창	문		

자음자와 모음자를 짝지워 낱말을 만들어 봅시다.

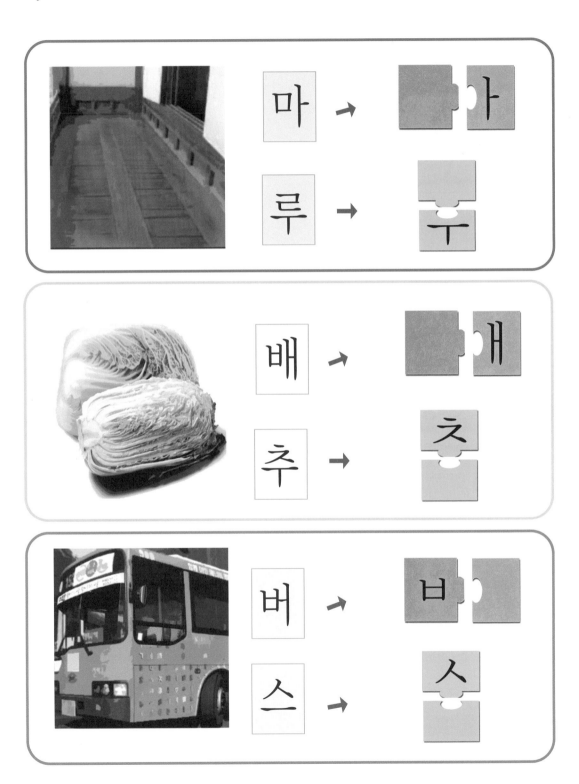

마 →
루 →

배 →
추 →

버 →
스 →

☆ 아래 빈칸에 알맞은 글자를 쓰고 따라 쓰기를 해 봅시다.

마	루		

배	추		

버	스		

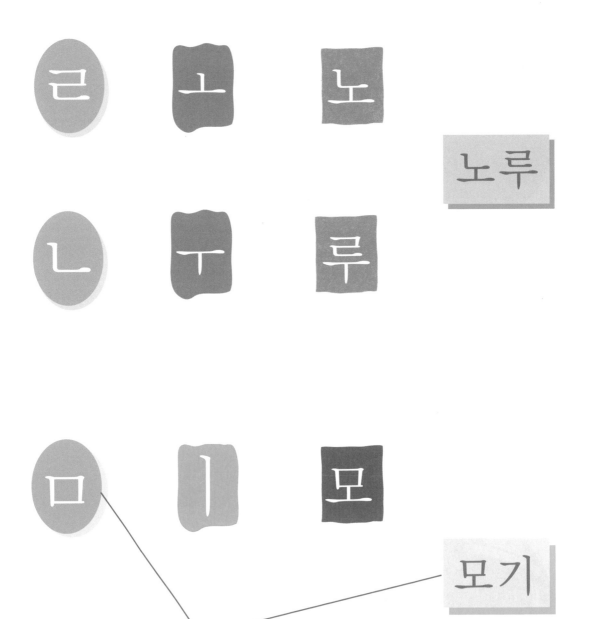

자음과 모음을 선으로 이어 아래 낱말을 만들어 봅시다.

리   ㅗ   노

노루

ㄴ   ㅜ   루

ㅁ   ㅣ   모

모기

ㄱ   ㅗ   기

☆ 만들어진 낱말을 아래에 써 봅시다.

노루

모기

오리

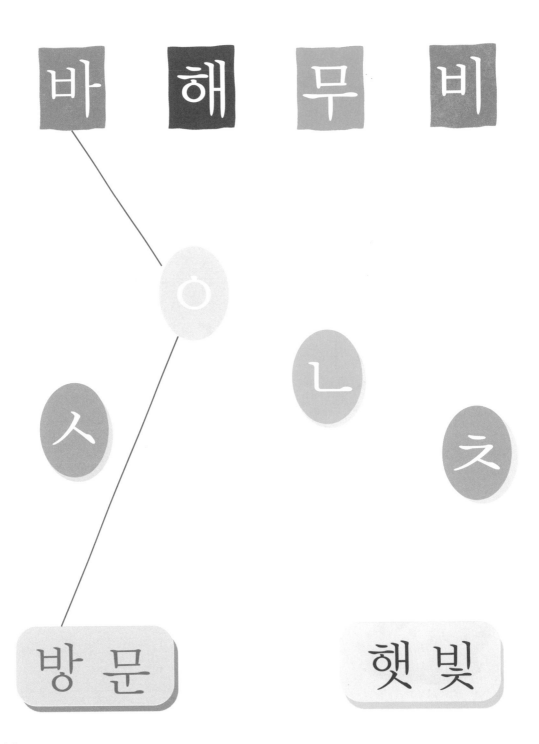

바 해 무 비

ㅇ

ㅅ

ㄴ

ㅊ

방 문

햇 빛

☆ 만들어진 낱말을 아래에 써 봅시다.

방	문		

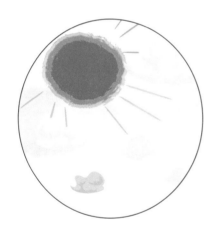

햇	빛		

의	자		

☆ 받침이 있는 낱말을 만들어 봅시다.

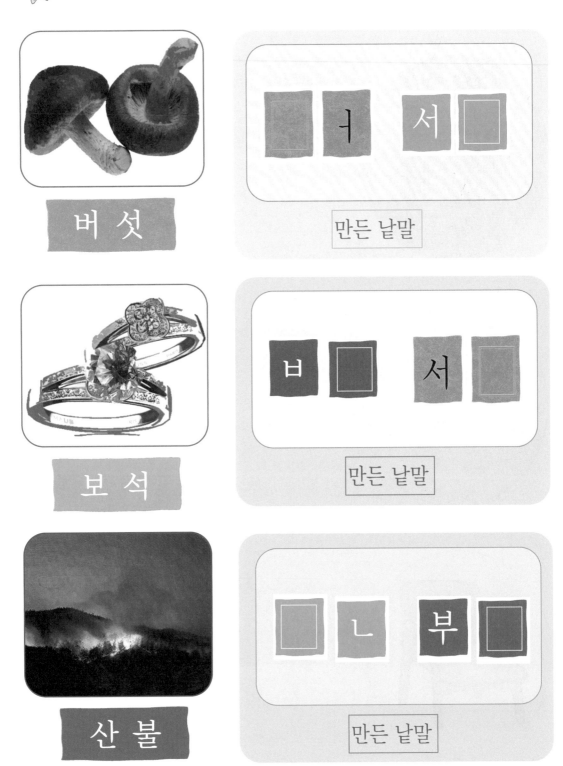

버 섯

만든 낱말

보 석

만든 낱말

산 불

만든 낱말

★ 만들어진 낱말을 아래에 써 봅시다.

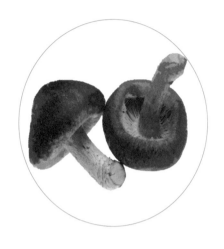

버	섯		

보	석		

산	불		

★ 자음자의 이름을 읽고 'ㅂ-ㅊ'까지 따라 써 봅시다.

비읍	시옷	이응	지읒	치읓
ㅂ	ㅅ	ㅇ	ㅈ	ㅊ
ㅂ	ㅅ	ㅇ	ㅈ	ㅊ
ㅂ	ㅅ	ㅇ	ㅈ	ㅊ
ㅂ	ㅅ	ㅇ	ㅈ	ㅊ
ㅂ	ㅅ	ㅇ	ㅈ	ㅊ
ㅂ	ㅅ	ㅇ	ㅈ	ㅊ

✩ 교실에서 볼 수 있는 물건의 이름입니다. 이름을
보기에서 찾아 쓰고 소리 내어 읽어 봅시다.

나팔   연필   나비   실내화   필통   구두
교실   두더지   국어책   공책

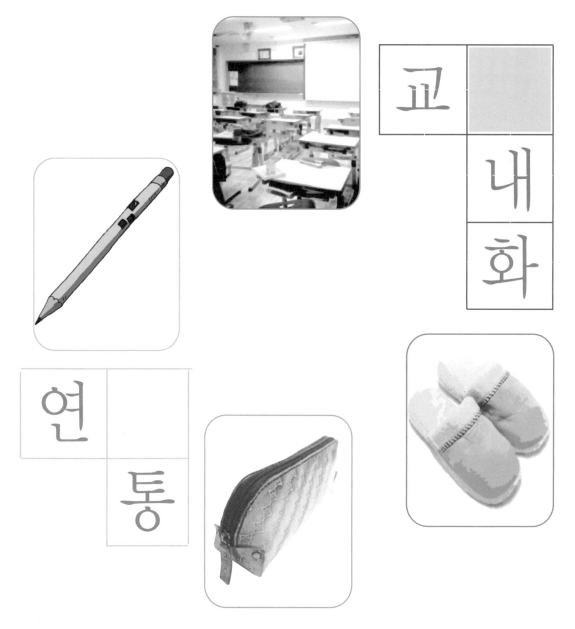

팔
비

구
더
지

국
어
공

⭐ 만들어진 낱말을 예쁘게 따라 써 봅시다.

교	실		

실	내	화

연	필		

필	통		

나	팔		

나	비		

구	두		

☆ 다음 빈칸에 들어갈 낱말을 아래에 써 봅시다.

바람이 ☐☐

비가 ☐☐

참새가 ☐☐

영수가 ☐☐

바람이 분다

비가 온다

참새가 운다

영수가 간다

☆ 다음 빈칸에 들어갈 낱말을 아래에 써 봅시다.

책을 ☐☐

본

엄마가 ☐☐

빈

파도가 ☐☐

친

불이 ☐☐

났

☆ 빈칸에 들어간 낱말을 아래에 따라 써 봅시다.

책을	본다

엄마가	빈다

파도가	친다

불이	났다

새롬이가 | 사탕 | 을(를) 먹습니다.

새롬이가 | 수박 | 을(를) 먹습니다.

곰이 | 피아노 | 을(를) 칩니다.

곰이 | 참외 | 을(를)먹습니다.

모두가 | 즐겁게 | 놉니다.

사탕

수박

피아노

즐겁게

☆ 자음자와 모음자가 만나 어떤 자가 되는지 살펴 보고 아래에 따라 써 봅시다.

카	타	파	하
ㅋ+ㅏ	ㅌ+ㅏ	ㅍ+ㅏ	ㅎ+ㅏ

카	카				
타	타				

파	파				
하	하				

☆ '크, ㅌ, ㅍ, ㅎ'이 나오는 낱말을 따라 써 봅시다.

커튼

타잔

파리

하마

☆ 그림과 같은 낱말을 선으로 잇고 읽어 봅시다.

코알라

타이어

파랑새

하 마

☆ 앞에서 나온 낱말을 예쁘게 따라 써 봅시다.

코	알	라

타	이	어

파	랑	새

하	마	

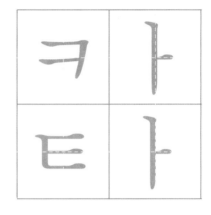

칼 집

타 잔

판 다

한 글

62

☆ 그림을 보고 빈칸에 알맞은 글자를 써 넣어 봅시다.

칼	집		

타	잔		

판	다		

자음자와 모음자를 짝지워 낱말을 만들어 봅시다.

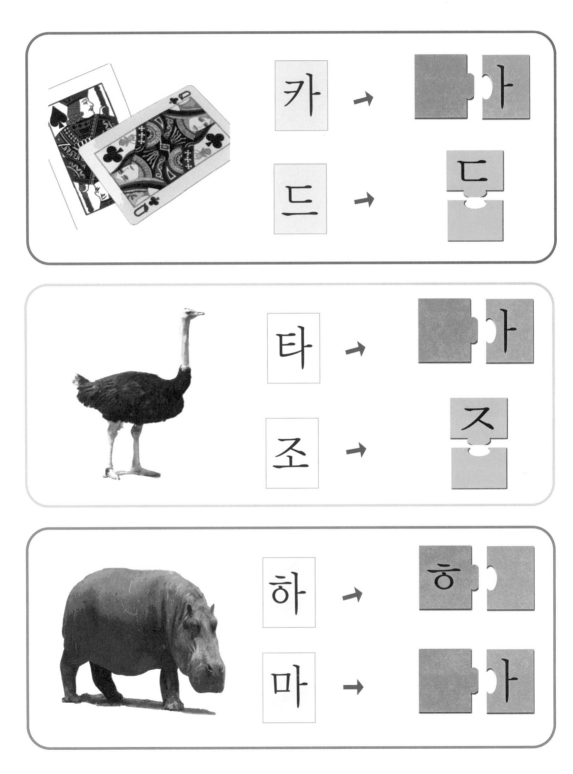

☆ 만들어진 낱말을 예쁘게 따라 써 봅시다.

카드

타조

하마

★ 자음과 모음을 선으로 이어 아래 낱말을 만들어 봅시다.

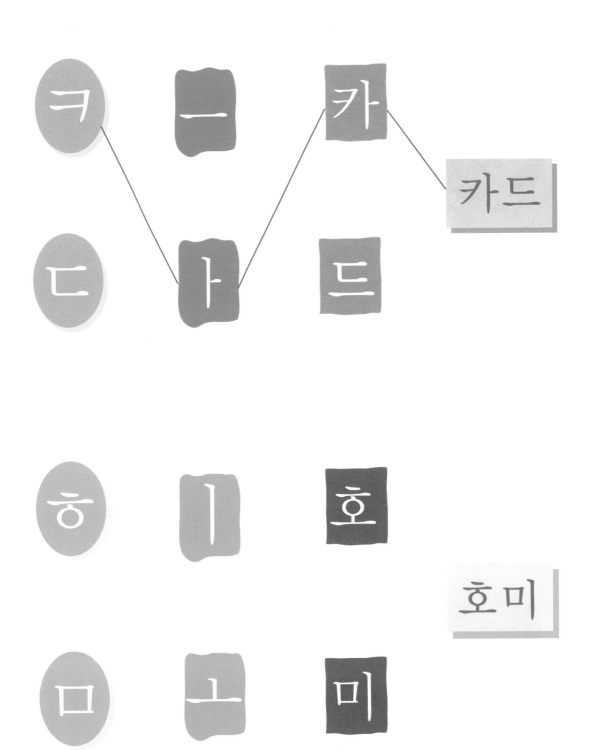

⭐ 만들어진 낱말을 예쁘게 따라 써 봅시다.

카	드		

호	미		

타	조		

★ 받침이 있는 낱말을 만들어 봅시다.

큰 곰

만든 낱말

콩 밥

만든 낱말

팥 죽

만든 낱말

⭐ 만들어진 낱말을 예쁘게 따라 써 봅시다.

큰	곰		

콩	밥		

팥	죽		

☆ 자음자의 이름을 읽고 'ㅂ-ㅊ'까지 따라 써 봅시다.

키읔	티읕	피읖	히읗
ㅋ	ㅌ	ㅍ	ㅎ
ㅋ	ㅌ	ㅍ	ㅎ
ㅋ	ㅌ	ㅍ	ㅎ
ㅋ	ㅌ	ㅍ	ㅎ
ㅋ	ㅌ	ㅍ	ㅎ
ㅋ	ㅌ	ㅍ	ㅎ

⭐ 다람이가 그림책에서 본 것입니다. 그림을 보고 알
맞은 글자를 써 넣어 봅시다.

다 리   할머니   기 타   파 리   파 도
타 잔   조 개   할미꽃   판 다   타 조

기

잔

리

도

타

개

⭐ 만들어진 낱말을 예쁘게 따라 써 봅시다.

다 리

할 머 니

판 다

파리

파도

타조

조개

⭐ 만들어진 낱말을 예쁘게 따라 써 봅시다.

기	타		

할	미	꽃

타	잔		

판다

보리

타조

연못

★ 어머니를 따라 다음 표의 파란색 글자와 빨간색 글
자를 읽어 봅시다.

모음자 자음자	ㅐ (애)	ㅔ (에)	ㅘ (와)	ㅚ (외)	ㅟ (위)	ㅢ (의)
ㄱ(기역)	개	게	과	괴	귀	긔
ㄴ(니은)	내	네	놔	뇌	뉘	늬
ㄷ(디귿)	대	데	돠	되	뒤	듸
ㄹ(리을)	래	레	롸	뢰	뤼	릐
ㅁ(미음)	매	메	뫄	뫼	뮈	믜
ㅂ(비읍)	배	베	봐	뵈	뷔	븨

78

모음자 / 자음자	ㅐ (애)	ㅔ (에)	ㅘ (와)	ㅚ (외)	ㅟ (위)	ㅢ (의)
ㅅ (시옷)	새	세	솨	쇠	쉬	싀
ㅇ (이응)	애	에	와	외	위	의
ㅈ (지읒)	재	제	좌	죄	쥐	즤
ㅊ (치읓)	채	체	촤	최	취	츼
ㅋ (키읔)	캐	케	콰	쾨	퀴	킈
ㅌ (티읕)	태	테	톼	퇴	튀	틔
ㅍ (피읖)	패	페	퐈	푀	퓌	픠
ㅎ (히읗)	해	헤	화	회	휘	희

⭐ 앞의 표에서 만든 파란색 글자를 보고 아래 빈칸에 알맞은 글자를 써 넣어 봅시다.

⭐ 앞의 표에서 만든 빨간색 글자를 보고 아래 빈칸에
알맞은 글자를 써 넣어 봅시다.

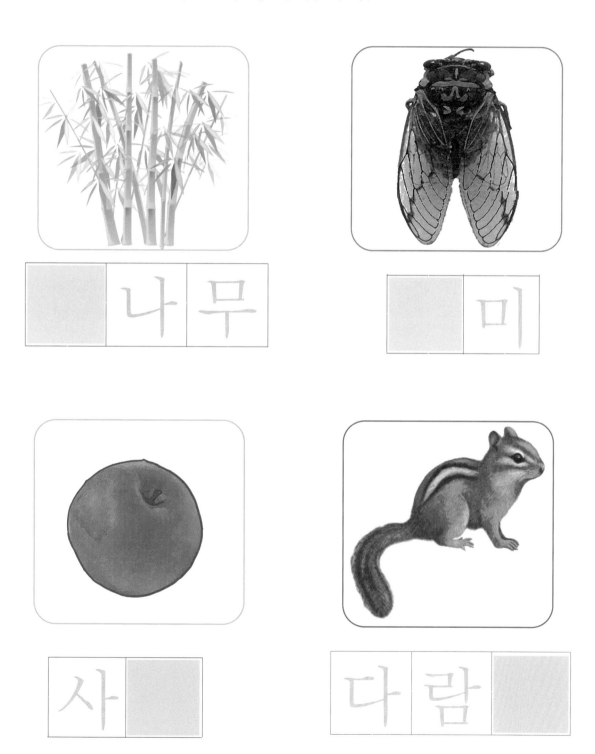

나무

미

사

다람

☆ 다음 빈칸에 알맞은 글자를 써 봅시다.

개가 □□□

짖 는

버스가 □□

간

눈이 □□

온

꽃이 □□□

피 었

☆ 다음 빈칸에 알맞은 글자를 써 봅시다.

개가　짖는다

버스가　간다

눈이　온다

꽃이　피었다

✪ 다음 빈칸에 알맞은 글자를 써 봅시다.

말이 ☐☐

뛴

물이 ☐☐☐

흐른

아기가 ☐☐☐

잠 잔

불이 ☐☐

났

⭐ 다음 빈칸에 알맞은 글자를 써 봅시다.

 말이 | 뛴 | 다 |

 물이 | 흐 | 른 | 다 |

 아기가 | 잠 | 잔 | 다 |

 불이 | 났 | 다 |

⭐ 문장에 알맞은 글을 써 넣어 봅시다.

새롬이가 　과자　 을(를) 먹습니다.

새롬이가 　사탕　 을(를) 먹습니다.

곰이 　탁구　 을(를) 칩니다.

모두가 　즐겁게　 놉니다.

⭐ 빈칸에 들어간 낱말을 따라 써 넣어 봅시다.

과자

사탕

탁구

즐겁게

☆ 다음은 새롬이가 시장에서 본 물건입니다. 이들의 이름을 아래에 예쁘게 따라 써 봅시다.

두	부	배	추	나	물
두	부	배	추	나	물

콩	나	물
콩	나	물

바	지	락
바	지	락

오	징	어
오	징	어

옥	수	수
옥	수	수

★ 다음은 새롬이가 동물원에 가서 본 동물들입니다.
이를 아래에 예쁘게 따라 써 봅시다.

코	끼	리
코	끼	리

개	구	리
개	구	리

두	루	미
두	루	미

캥	거	루
캥	거	루

다	람	쥐
다	람	쥐

너	구	리
너	구	리

다음은 새롬이가 동네에서 본 것들입니다. 이들의
이름을 아래에 예쁘게 따라 써 봅시다.

대	문
대	문

엄	마
엄	마

아	기
아	기

가	로	수
가	로	수

자	동	차
자	동	차

휴	지	통
휴	지	통

신	호	등
신	호	등

⭐ 다음은 새롬이가 놀이터에서 본 것들입니다. 이들
의 이름을 아래에 예쁘게 따라 써 봅시다.

시	소	그	네	철	봉
시	소	그	네	철	봉

모	래	판
모	래	판

미	끄	럼
미	끄	럼

그	물	망
그	물	망

축	구	공
축	구	공

☆ 우리집 가까이에서 볼 수 있는 물건입니다.

오	리

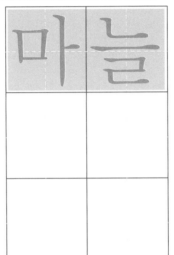

마	늘

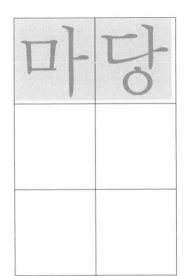

마	당

마	루

바	늘

바	람

나	뭇	잎

다	리	미

파	랑	새

자	전	거

버	스

부	채

까	치

신	발

잔	디

참	새

초	콜	릿

하	늘	소

병	아	리

사	마	귀

연	못

사	진

어	름

요	강

접	시

주	사

옥	수	수

항	아	리

우	체	통

태	극	기

⭐ 받침이 없는 글자를 익혀 봅시다.

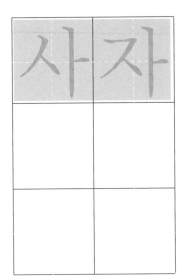

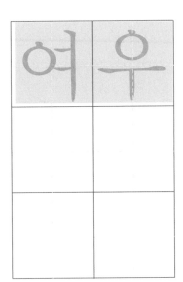

또 산 이 있네!

바	나	나

저	고	리

타	이	어

피	아	노

두	더	지

무	지	개

두	루	미

미	나	리

그	네

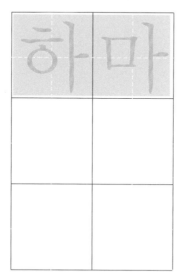

하	마

기	차

노	래

바	다

타	조

고	기

다	리

구	두

모	자

고	래

모	기

도	자	기

도	토	리

코	끼	리

토	마	토

⭐ 받침이 있는 글자를 익혀 봅시다.

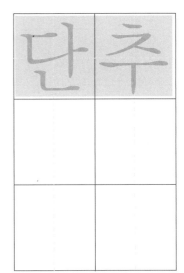

원	두	막

간	호	사

제가 먼저 말할게요!

번	데	기

주	전	자

마	술

마	음

만	두

바	늘

바	둑

버	선

110

운	동	화

민	들	레

호	랑	이

원	숭	이

버	섯

보	석

사	막

사	슴

산	불

사	진

초	콜	릿

돌	멩	이

달	팽	이

진	달	래

산	새

상	어

신	발

어	름

언	덕

얼	굴

소	방	차

복	숭	아

강	아	지

지	렁	이

115

☆ 이중 모음으로 된 낱말을 따라 써 봅시다.

바	위	참	외	채	소
바	위	참	외	채	소

아이구
이뻐라

몽실

안	개	꽃
안	개	꽃

게	시	판
게	시	판

태	양
태	양

탱	자
탱	자

펭	귄
펭	귄

메	밀	묵
메	밀	묵

애	벌	레
애	벌	레

☆ 받침이 두 개가 있는 글자를 익혀 봅시다.

많아	없어	있어
많아	없어	있어

괜	찮	아
괜	찮	아

떡	볶	이
떡	볶	이

밖	에
밖	에

읽	다
읽	다

넓	다
넓	다

닭	고	기
닭	고	기

쫖	아	요
쫖	아	요

자음자 비교하며 낱말 쓰기

☆ 'ㄱ', 'ㅋ', 'ㄲ' 비교하여 쓰기

가을	가을	가을	가을

커다란	커다란	커다란	커다란

까만	까만	까만	까만

깃발	깃발	깃발	깃발

코	코	코	코

발뒤꿈치	발뒤꿈치	발뒤꿈치	발뒤꿈치

달	걀
달	걀
달	걀
달	걀

깃	털
깃	털
깃	털
깃	털

따	뜻	한
따	뜻	한
따	뜻	한
따	뜻	한

둥	실	둥	실
둥	실	둥	실
둥	실	둥	실
둥	실	둥	실

미	끄	럼	틀
미	끄	럼	틀
미	끄	럼	틀
미	끄	럼	틀

☆ 'ㅂ', 'ㅍ', 'ㅃ' 비교하여 쓰기

바	라	보	고
바	라	보	고
바	라	보	고
바	라	보	고

밧	줄
밧	줄
밧	줄
밧	줄

백	성
백	성
백	성
백	성

파	리
파	리
파	리
파	리

풀	꽃
풀	꽃
풀	꽃
풀	꽃

손	뼉	을
손	뼉	을
손	뼉	을
손	뼉	을

★ 'ㅈ', 'ㅊ', 'ㅉ' 비교하여 쓰기

도	와	줄	게
도	와	줄	게
도	와	줄	게
도	와	줄	게

주	전	자
주	전	자
주	전	자
주	전	자

괜	찮	아
괜	찮	아
괜	찮	아
괜	찮	아

반	짝	반	짝
반	짝	반	짝
반	짝	반	짝
반	짝	반	짝

어린이(6-7세)

국어 따라쓰기(다)

초판 발행 2015년 12월 5일

글 편집부

펴낸이 서영희 | **펴낸곳** 와이 앤 엠

편집 임명아

본문인쇄 신화 인쇄 | **제책** 일진 제책

제작 이윤식 | **마케팅** 강성태

주소 120-100 서울시 서대문구 홍은동 376-28

전화 (02)308-3891 | **Fax** (02)308-3892

E-mail yam3891@naver.com

등록 2007년 8월 29일 제312-2007-00004호

ISBN 978-89-93557-65-7 63710

본사는 출판물 윤리강령을 준수합니다.